Bernd Michael Hanel

Wir,

die wir mitten

im Leben steh'n

Verse

Die für dieses Buch ausgewählten Verse sind zu einem großen Teil in der Lebensmitte des Autors, also etwa zwischen 1975 und 1985, entstanden und wurden nach kritischer Sichtung 2019/2020 durch neuere Arbeiten ergänzt. In der Lebensmitte jedoch, in der die Suche nach dem Platz und den Aufgaben, den Gefährten und Freunden im Leben weitestgehend abgeschlossen ist, war wie oft nichts so, wie es sein sollte: Beziehungen zerbrachen, berufliche Orientierungen gelangen nur mühsam und keineswegs geradlinig, manche Einsicht zu eigenen Fähigkeiten und Unzulänglichkeiten kam zu spät, diverse gesellschaftliche Entwicklungen verliefen kritisch und waren mit politischen Friktionen belastet. Wie jede Generation, so war auch die ostdeutsche Nachkriegsjugend angetreten, mit obsoleten Konventionen zu brechen, manches besser zu machen als die Altvorderen, sich verantwortungsbewusster, empathischer am öffentlichen Leben zu beteiligen, die individuellen Möglichkeiten und Freiheiten zu nutzen. Vieles gelang, vieles blieb offen, unerreicht oder wenig befriedigend. Davon zeugen die vorliegenden Impressionen, Emotionen, Reflexionen und Beobachtungen des Autors, die wie nebenbei auch Einblicke in die 1990 untergegangene sozialistische deutsche Gesellschaft geben.

Bernd Michael Hanel wurde 1944 in den Bombennächten des Zweiten Weltkrieges in Dresden geboren. Nach der zehnklassigen Polytechnischen Oberschule, einer Lehrausbildung zum Maschinenbauer und einjähriger Tätigkeit als Geselle, studierte er Chemieanlagen- und Apparatebau an der Ingenieurschule Köthen. Danach war er Mitarbeiter in einer Firma für Chemieanlagen, studierte an der Technischen Universität Dresden Wärmetechnik, promovierte in der Strömungsmechanik, arbeitete im Institut für Luft- und Kältetechnik. Nach der Habilitation wurde er 1980 zum Hochschullehrer für Wärme- und Stoffübertragung/Thermofluiddynamik an die Technische Universität Dresden berufen. Das Amt gab er in den restaurativen Wirren des deutschen Einigungsprozesses Ende 1992 auf. Bis 2009 war er in einem Stuttgarter Unternehmen Leiter für Forschung und Entwicklung. Seither arbeitet er freiberuflich.

Bernd Michael Hanel schrieb mehrere Fachbücher, zahlreiche wissenschaftliche Publikationen und ingenieurtechnische Beiträge für Zeitschriften sowie die Kinderbücher „Emil und der Drachen und der Wind" und „Moritz, sein Großvater und der Schatz vom Reineke Fuchs".

Bernd Michael Hanel

Wir,

die wir mitten

im Leben steh'n

Verse

Bibliografische Information der Deutschen Nationalbibliothek
Die Deutsche Nationalbibliothek verzeichnet diese Publikation in der
Deutschen Nationalbibliografie; detaillierte bibliografische Daten sind
im Internet über
http://dnb.d-nb.de abrufbar.
© Frieling-Verlag Berlin • Eine Marke der Frieling & Huffmann
GmbH & Co. KG
Rheinstraße 46, 12161 Berlin
Telefon: 0 30 / 76 69 99-0
www.frieling.de

ISBN (Print): 978-3-8280-3609-3
ISBN (E-Book): 978-3-8280-3610-9

1. Auflage 2021
Coverdesign: Klaus Liebscher, Radebeul
Sämtliche Rechte vorbehalten
Printed in Germany

geht es wirklich immer so

weiter und weiter und

weiter nicht?

für Hanni

Herbststunde

Je nachdem,
Ob du von hier schaust
Oder von da:
Glück ist zwiespältig.

Je nachdem,
Ob du dich im anderen suchst
Oder dich verlierst:
Eng wird es so oder so.

Da helfen nicht
Maximen, nicht Sentenzen.
Du hast deinen Ablauf:
Lies also dein Buch zu Ende.

Lies und halte deine Gedanken fest,
Denn die Blätter werden schon gelb,
Und die Sonne geht bald unter:
Unaufhaltsam, unerbittlich.

So oder so.
Es wird Herbst. Die Ebereschen glühen,
Und die Herbstkatzen frieren:
Doch keiner, der wärmt.

Man sieht manches auf sich zukommen.
Wird es größer,
Kleiner,
Trifft es auf,
Erschlägt es dich, oder,
Glück,
Vorbei?

Dem Maikäfer ähnlich:
Kurzer Flug in Wärme und Höhe
Sturz dann und Fall
Angstschiss auf
Angstschiss

täglich begegnest du.
beobachtest
rückenzugewandt, augenwinklig,
manchmal nur bruchteilig kreuzend:
nachbar, auchmensch.
überschlägst einsatz und chancen,
schwankst zwischen anfang und nie.
zergrübelst, zergräbst dann doch
die gesichter, stemmst dich
gegen eigenwilligkeiten: addierst
enge und enge und stößt
wütend auf dich und deine vorsicht
in einen anderen
eine spitze. blut
ende mit zuckenden augen, zerrissenen
mündern.
dann wieder hecken und mauern.

Caféhaus. Dazwischen ich.

Caféhaus,
Beauties, beladen mit Ketten äußerlich,
Andere noch, mit inneren Engungen.
Schwere. Und
Schwüle.
Schmetterlingsmünder, unzufrieden überquellend.
Gesichter, käfergespreizt und leuchtkörper-
Brummender Eselschoral des Banalen.
In den Augen halbgefrorene Blicke.
Und Hände, die in Bärten zupfen,
Gelangweilt.
Kleidung maßgeblich.
Überzeugungen vorrangig von sich.
Wuchernde Gehirne.
Dazwischen ich.

du,
die ich suche,
halte dich aufrecht
im geäst der verzweiflungen,
im gestöber der wirrungen,
im geflecht der ängste, der ratlosigkeiten.
vertrauere nicht, gib nicht auf
das warten. das
warten auf mich,
dir die bitterkeiten
aus dem gesicht zu
streichen.

so wie die bäume eines tages
im herbst
die blätter verlieren
verlierst du eines tages
in deinem herbst
deine freunde

vorbehalte partnerwechsel
bewusstseinsänderungen gefühlsspaltungen
einbindungen anderswo
irgendwas manchmal
einfach nachlässigkeit
natürliche prozesse

für die bäume kommt ein frühling

wenn and're abends chianti nippen
und glotzen ins tevau,
hock' ich bei ekl'em schnaps und ungeschrieb'nen versen
und bin am nächsten tage tränensäckig, grau.

wenn and're abends am kleinen glücke laborieren,
steaks zerfressen und champagner saufen,
such' ich 'was großes und könnt' mich
zu vorgerückter stunde dafür glatt verkaufen.

Spätsommer auf Hiddensee (1)

Der Wind hat das Meer, und
Es lässt sich treiben.
Brandet, als ob
Dumpfer Groll.
Brodelnd, gischtend, zischend, dann wieder
Mit leisen Tönen, doch
Immer zugänglich, willig,
Immer offen.
Das Meer hat den Wind.

Spätsommer auf Hiddensee (2)

I
Es gibt Tage am Meer,
An denen kein Hauch
Man spürt
Der aufsteigenden Wärme leises Vibrieren
Sanft. Der Himmel
Bebt, weit, unendlich blau.

II
Die Lerchen sind verstummt.
Kaum Geräusche. Nur
Die Möwen schrei'n und schrei'n.
Es scheint, das Meer
Schiebt sich sacht
Dem Strand und uns entgegen.

III
Der Tau hängt glitzernd
Bis tief in den Tag
An dürren Gräsern und am Johanniskraut.
Schräg und schwer
Fällt die Sonne in der Heide Grau.
Letztes Glühen.

IV
Die Brombeeren reifen, und
Der Sanddorn trägt Früchte.
Herbst steigt herab,
Durchnebelt Sommerfetzen.
Herbst. Langsam
Das Jahr zerfällt.

Spätsommer auf Hiddensee (3)

I
Nord,
   Nordwest hart und steif
   Brachvogel stürzt kopfüber
   Gesichter
   Rufe zerfetzend
   Verlorenheit

II
Meer,
   das Meer brandet zischt birst
   drohend und lockend dröhnend tosend
   fühllos
   eine Bewegung
   nie aufhören wird
   eintauchen in
   Unendlichkeit

III
Meer,
　　das Meer ewig kreißend
　　elementare Gewalt unverändert und
　　unverändert veränderliche Rhythmen
　　eine gigantische Wucht
　　Zeiten überdauern wird
　　nicht zähmbare
　　Unbändigkeit

IV
Nord,
　　Nordwest hart und steif
　　Brachvogel stürzt kopfüber
　　Gesichter
　　Rufe zerfetzend
　　Verlorenheit

Man sieht viel,
Wenn man hinsieht.
Deshalb:
Nicht hinsehen,
Augen schließen,
Den Dingen
Brutal aus dem Weg
Gehen.

(Dresdner Fassung 1982)

man sieht viel, wenn
man sieht:
gleichgültigkeit, hass, egoismus.
bestürzende rücksichtslosigkeit, selbst
überschätzung bis zur unfähigkeit.
man sieht:
saturierte, bigotte charaktere spitzig
wie ellbogen, gefühlswelten verspießert
bis zur empörenden empfindlichkeit.
deshalb:
man sieht
nicht hinsehen.
man sieht
augen schließen.
man sieht
aus dem weg.

(Stuttgarter Fassung 1994)

liebeserklärung

wenn ich dir, meine liebste,
heute abend erzähle,
dass ich beim fahrradfahren
beinah – beinah, denn ich konnte
trotz rasend hoher geschwindigkeit rechtzeitig und
glücklicherweise das schlimmste verhindern –
mit einem schmetterling zusammengestoßen wäre,
denkst du dann,
dass ich nun endgültig
den verstand verloren habe oder
nur zur entspannung meine albernheiten ausbreite
oder vielleicht wieder auf poetischen wegen wandle?

oder vielleicht fühlst du,
dass ich dir eigentlich nur sagen möchte:
ich liebe dich.
ich liebe dich noch immer
wie am ersten tag und
auch ganz anders.

Weihnachtslamento

I
Eines Tages, wenn
Wenn das Gesicht sich nicht mehr verändert,
Der Rücken sich erst unmerklich beugt,
Schaut man
Auf seine Bemühungen wie
Wie
Gleichgültig wie.
Keine Fragen, keine
Klagen. Nicht mehr
Sture Zuversichtlichkeit und lärmender Optimismus.
Gleichgültig wie.
Es wuchs. Mit den Bemühungen wuchs
Das Unvermögen. Und die Unbedingtheit.

II
Vielleicht
Eines Tages, nach
Wirklichkeitsfetzen nach
Hinfälligkeitserlebnissen,
Blockierter Anpassungselastizität,
Beim Anblick zerzauster Weihnachtsbäume:
Ahnungen, gedankenverwunden.

III
Ahnungen wie: scheinbar groß
Das Ganze, aber ach,
So dürr und flach und mehr wohl nicht.

Wie: freundliches Mühen hier,
Nichtige Differenzen dort,
Mündend in grandiosem Wollen und
Sinnlosen Missverständnissen.

IV
Und dann noch:
Leben heißt auch Geduld. Und
Warten, Ausharren. Übersichergehenlassen.
Manchmal sogar Mitmachen im
Unnötigen, Törichten, scheinbar Sinnstiftenden
Bis an die Grenze zur
Selbstaufgabe, fast bis zum
Verbiegen. Und doch vor allem:
Warten.
Auf einen geeigneten Zeitpunkt, einen Erfolg,
Einen Partner, ein Verkehrsmittel, einen
Telefonanschluss, auf rettende Zuversicht. Oder
Auf einen Neubeginn, ein
Würdevolles Ende.
Worauf auch immer.

V
Aber Wollen reicht nicht,
Warten, nur mitmachen auch nicht. Doch
Was wie wohin nicht erkennbar. Keine
Ahnungen.

Herbsttag

Wenn von den Rosen nur
Die Dornen bleiben und
Manches scheint der Auflösung nah und
Westwind fegt das Laub, Regen.
Regen überspült Rinnstein und Tränen:
November, verhangen.

Wir frieren, verhüllen
Die Gesichter werden klein und weich.
Bald wird es Winter und jeder
Schritt leiser. Häuser
Rücken zusammen, Tage auch,
Du kommst, wir auch.

Januar (Herbsttagvariation)

I
Wenn von den Rosen nicht mal die Dornen geblieben
und manches scheint der Auflösung nah,
Wenn Schneeflocken durch Betonlücken getrieben
Und Eis überglitzert Rinnstein und Tränen:

Dann ist Januar.

II
Die Nächte spröd und hell und lang,
Anraum klirrt, und wir frieren, klein
Die Gesichter verhüllt und weich und bang.
Wieder und wieder wird es schnei'n.

III
Jeder Schritt mühsam, leises Klagen,
Die Raben schimpfen krächzend gegen schnee-

bedeckte Wiesen und Bäume,

Die Häuser zusammengerückt, auch die Fragen,
Und wir flüchten zueinander in wärmende,

sinnliche Träume.

ich blinkere freundlich links, klapp.
klapp, offen.
das rechte starrt
grausig verdreht-verschreckt abweisend
entgegen noch fraglichem:
s-p-a-n-n-u-n-g.
wie werde ich –
ich mich verhalten?

PF 31291, Baracke X

Orte, diese Orte, wo da scheint
Irrtum befohlen
Wahrheit verboten
Heuchelei schwer und breit:
Finstere Insignien zerplatzen
Leuchtend, doch wo da bleibt
Finster, und ich
Mittendrin wie Kupfermünze
In einer Latrine, lache
Lache es
Kotze

Wir, die wir mitten im Leben
steh'n und in der Sch...
(sit venia verbo)

Wir,
die wir mitten im Leben steh'n
und in der Scheiße,
lavierend, nicht wissend, wohin geh'n,
nicken dienstbeflissen, angepasst, geben uns weise.

Andere,
es sei erwähnt,
mit ehrlichschlichtem Gemüt, engagiert, leise
gegen Enge, Beton und manch Unsinn der Zeit gelehnt,
versinken demütig in der Scheiße.

Doch Simpelmenschen,
deren Tage scheinbar wie nebenbei vergeh'n,
die übergewichtig, besserwissend ohne Beweise,
krähwinklig, shopsüchtig sich um eine
                                          diffuse Freiheit dreh'n,
lärmen ausgelassen, fröhlich inmitten der Scheiße.

Wir aber, weil wir mitten im Leben steh'n
und schon tief in der Scheiße,
befürchten, eines Tages wird alles verweh'n,
stemmen uns tapfer gegen
                              rücksichtsloser Simpel Lebensweise,
damit wir nicht alle untergeh'n.

auch beim tanz ich
denke dies und das
beobachte andere müssten
doch auch denke ich zu jeder ja
zu jeder sekunde in jedem augenblick
etwas vernünftiges zumindest irgendetwas
denken und sehe höre plötzlich
singt eine schöne laut mit inbrunst
den schwachsinnigen albernen
text eines schlagers mit auch
ich bekomme nun
den mund
nicht
mehr
zu

an ein paar frauen zum 8. märz 1981

emanzipiert, engagiert, zentralbeteiligt:
nur morgens
fühlst du dich frei,
nur morgens, wenn du
frischuriniert und zahngebürstet
aus
      dem
              h
           c   w
   bad s   e
                     b
                       s
                         t,
das gesicht verschminkt mit milli
meterdicken rougeschichten,
klappernden lilafarbenen augenlidern über
skarabäusschwarzbraunschillernden pupillen
und getünchten tränensäcken, damit
DAS LETZTE
deinem gesicht fliehe:
nurzunurzunurzunuzunuzuntzntzntztztz, feier
mit viel errungenschaftspathos und schnaps.

aber bitte ohne mich, bitte ohne mich aber,
ohne mich aber bitte, mich aber bitte ohne

Herzliebjesulein und Dasendedergeschichte

Herzliebjesulein
Ohsegensreicherkaiserwilhelmoderfranz
Heildirmeingroßerführer
Eslebediekommunistischepartei
Hoch
Oben und höher
Ichobrigkeitsundnischenmüdevonfreiheitträumend
Bete, rufe nicht
Mit: Hände auf'm Bauch
Magendrücken, Kotzübelkeit   (1988)

Nun aber
Marktkonformedemokratie
Hoch
Oben und höher
Beistetigemwachstumgrandiosemglobalisierungswahn
Bisderletztebaumgefälltkeingrangoldmehrauffindbar
Die Erde
Vertrocknetoderimmeerversunkenoder
Inhabgierundverteilungskriegen
Zerstört
Dasdefinitiveendedergeschichte*
Ichentzaubertüberwachtvomgüldenkalbdämonisiert
Rufe, lobe auch diesmal nicht
Mit: Hände auf'm Kopf
Zweifel, Panik, Zukunftsangst   (2018)

*Francis Fukuyama: „The End of History and the Last Man".
New York: Free Press 1992

32

Obwohl wir jetzt
über Gewaltaufklärer mit
Strahltriebwerk, Deltatragflügeln und
verlängerter, abgeschrägter Rumpfspitze,
ausgerüstet mit fünf
geschwindigkeitskompensierten Kameras,
Blitzlichtanlage und
Freund-Feind-Kenngerät und
Rückwärtswarnradar und
Doppler-Navigationssensor und sogar noch mit
zwei Dreißigzentimetermaschinenkanonen,
verfügen, stehe ich noch
immer unschlüssig fragend
vor einem Kotzbecken in einer Männertoilette:
soll ich nun
oder
soll ich nicht

liebe wie musik

zweisamkeit wie musik wie bachs meeresweite
und mozarts himmelsklang
bis hinter das glück zu epischer breite
und in die vergessenheit mit dem drang
nach verglühen nach verfluchen

wer das nicht kennt
wer nie so angetrieben
die unruh' fühlt nicht brennt
weiß nichts vom lieben
bleibt ausgeschlossen muss weitersuchen

reise in eine fremde stadt

eine stadt,
groß, fremd. jedermann
kennt
niemanden. froh
ein ziel bis
acht uhr abends
irgendwo.

doch wenn
man nicht ziel,
niemand
kennt
jedermann,
(wenn man
erbärmlich inmitten
fremder worte und
menschen schön)
keine stadt schlimmer,
keine stadt:
schlimmer.

zum
geburtstag
von w.
verse von a. a.
eine erklärung
von b.

I
ich
habe mir   FÜR DICH
die verse
von a. a.,   GUTE
verse
aus
dem
herzen
g-e-r-i-s-s-e-n,
weil ich   WÜNSCHE
ich könnte und
an sich   UND
eigentlich und
überhaupt   GANZ SPEZIELL
aus ihnen etwas
lernen

II
aber
das herz
blutet
nicht,
es
lacht   FÜR DICH
bei
empört euch   DER HIMMEL
also
keine blutlache,
sondern   IST BLAU
steigt auf
und   SCHMETTERLINGE
in die
sommerblüten   TANZEN

Wenn einer in die Jahre kommt,
in denen er weiß
oder zumindest glaubt, dass er weiß,
wovon er spricht, und
es besteht die berechtigte Annahme,
dass er auch versteht, was
andere sagen,
dann kann man ihm
zum neuen Jahr oder
zum Geburtstag oder
einfach nur zu passender Gelegenheit
Gleichmaß wünschen.
Und die Kraft,
das Gleichmaß auszuhalten.

manchmal
atme ich
dich so nah
bist du mir
und entrückt
das unvollkommene

manchmal
spüre nur spüre ich
deine samtigen arme
und süß
deine sinnlichkeit

manchmal
öffne ich du
mich und meine
augen streifen
den zauberhaften glanz
deiner lider

Der Schauspieler

I
Er sprach
Den Nathan
Dreihundertzweiundvierzigmal
Unter sieben Regisseuren, die
Alle glaubten, nie Erlebtes,
Nie Gesehenes auf die Bühne gebracht zu haben.
Doch davon ließ er
Sich nicht beeindrucken. Er war
Ein Schauspieler. Er spielte. Den
Nathan. Auch den Romulus, den Lear, den Faust.
Er war ein sicherer Mime.
Sein Einsatz. Sein Bass,
Dröhnend und kolossal rostig.
Er war anerkannt. Überregional.
Er rezitierte auch Verse
Von Hesse, Whitman, Hölderlin, von
Baudelaire, Schiller und Benn
Gleichermaßen in reinster Sprachkultur,
Natürlich frei.

II
Er sprach
Und wurde beim
Dreihundertdreiundvierzigsten Mal
Plötzlich unruhig.
Unvorhergesehen
Wollte er Vorhersehbarem
Entrinnen.
Seither
Sehe ich ihn manchmal
Zur Zwielichtzeit, Pfeife rauchend,
Bei seinen Spaziergängen.
Er züchtet jetzt Katzen,
Macht wohl auch in Nägeln.
Manchmal in
Seife.

der weg zum glück ganz
eng, nur einzeln ist durchkommen
möglich: klippen, steine, vorsprünge, öhre. und
vor allem: wächter. viele wächter.
man bleibt stehen, halbwegs, erstarrt
in ein stilles leben mit ungeklärten
fragen und dunklen zusammenhängen, albern
leises verdämmern
wie denn sonst.

auf diese erde
die füße behutsam setzen
die bewegungen
vorsichtig
die gedanken
demütig man kann
nicht wissen hier
ändert sich jeden tag alles
gefühle sterben ab
sendungen steigen auf
zeiten in denen achtlos
käfer und blumen zertreten
elefanten geschossen
zigarettenkippen weggeschnippt
werden bald
vorbei

Tanz in den Frühling

Wie oft bemühte sich der Frühling
Mit seinen zarten Blüten, dir zu gefallen!
Doch du sahst nichts, warst nicht zu erreichen.
Alles ging den gewohnten Gang und schien
Gemacht, dich nur zu stören, zu vergallen
Dir den Drang zu Höherem unter Gleichen.

Dann aber gab es Jahre, du hörtest
Der Vögel lockendes, fröhliches Pfeifen,
Sahst junges Grün in der Sonne Glanz,
Im Blau des Himmels lichte Streifen,
Bemerktest sogar das Blühen der Bäume und
Übtest das Gleichmaß wie einen Tanz.

Wenn es nur vorwärtstriebe!
Aber es treibt nur ringsum,
Von einer Wiederholung
Zur anderen Wiederholung,
Von Wiederholung zu
Wiederholung zu
Wiederholung
Zuwi[e]der
Holung
Wie
Der
Ho[h]l
Wie

Im Konzert der Dresdner Philharmoniker

Bruckner, 1. Sinfonie.
Wuchtige Töne, brausend
Wie Gewittersturm. Grandios
Die Pauken und die anderen
Musiker. Und nur einmal,
Ein einziges Mal
Schlug der Schlagwerker
Vorbei.

verlassene spielplätze eis
bärtiger wind der quetscht
die stunden in die mauerritzen
dürr und abgegriffen und erbärmlich
die bäume
bitternacht

in den stuben aber blinkern
lichter und augen
spielautos und indianer flitzen
unbekümmert hin
und
her und hin

Dort,
wo du warst,
warst du nicht gern,
wurdest auch nicht gehalten.

Dort,
wohin du gehen wirst,
wirst du nicht gern sein,
wirst auch nicht erwartet.

Jetzt
musst du dich entscheiden,
um nicht umhergetrieben zu versinken im
Weitersuchen oder Bleiben.

Ich habe das Glück gehabt,
in jedem Lebensalter
die Arbeit gefunden zu haben,
die mir Freude machte.

> Heinrich Barkhausen, Physiker,
> Pionier der Schwachstromtechnik

Ich habe nicht das Glück gehabt,
in jedem Lebensalter
die Arbeit gefunden zu haben,
die mir Freude machte.

> Bernd Michael Hanel, Ingenieur

Glück ist nicht, immer zu tun,
was man will, sondern mit
bestem Willen bei der Sache zu sein.

> Lew Tolstoi, Schriftsteller

STUBE KAMMER KÜCHE

I

Hier werden Stühle verrückt,
Tapeten und
Ich.
Hier, in dieser STUBE,
In diesen kahlen Wänden
Plus vertäfelter Decke
Und Fußbodenlinoleum,
In dieser imitierten Klassik
Glanzvoll integrierte Zivilisation.
Typisiert und staubbefreit. Diese
Scharfe Freundlichkeit geteilter Sofakissen.
Selbst die Luft scheint antiquiert,
Abgestanden und leblos:
Du und ich.

II

Hier werden Zwiebeln getrocknet,
Hirne und
Dein Schoß.
Hier, in dieser KAMMER,
In der nur im Schlaf geröchelt wird,
In der alles brav, spröd, kantig und
Finster noch bei Sonnenlicht.
Kein Spiegel in Hellerauer Schrankwand,
Grelle Sterilität bricht meine Augen.
Selbst die Fenster blind,
Taub und kalt
Die Wände:
Ich und du.

III
Hier werden Kakerlaken getötet,
Silvesterkarpfen und
Wir.
Hier, in dieser KÜCHE,
In der es nur Technik gibt,
Gewürze und Kunstgewerbepfannen und
Immer wieder Eier, um
Die giftigen Mahlzeiten zu tönen,
Damit ich nicht schmecke
Meine Bitterkeit und
Meine Qualen
Zäh und beißend:
Du und ich.

IV
ONEIN.

da kämpft
wie verrückt wild
für frieden freiheit einsicht
in letzter reihe weit vorn
weit hinten hausmanzi
mault weil schmeißt dann
fett an küchenwand
der frieden verludert
wieso weiße hemden man
braucht zigarettenlänge
zerstört wer
soll sagen
einmal noch und allerorts
sie sitzen herum und
sind entzückt wer weiß

Traurigkeit Wie Patina
Im Gesicht Flammen Augen
Trübsichtig Vom Ewigen Grausinn
Der Jahre Unhaltbare Einbrüche
Zementieren Hoffnungsvoll Wurzelknochige Wege
Verqualmen Schmerz Wie Grünes Holz
Schrei: Nein: Schütt: Wermut: In: Dein: Blut

zugfahrt

auftauchen, untertauchen, auf.
fliegt an dir vorbei. häuser.
pappeln. lichter.
sekundenstraßen. dann feld und
nichts. momentaufnahmen, verblitzt.
selten gesichter.

später
ein bahnhof, nie gehört. wer
hält hier aus, wer
wartet hier worauf und wie sehr?
doch auch, doch nein.
und du.
und du bist
zwischen masten und schienenstößen
mit dir allein.

fährst und fährst hoffend und wieder und
weigerst dich, kreuzweise
deine zeit
zu verrätseln. andere versuche.
wie lieder
von der dinge flüchtigkeit.
reminiszenzen, sehnsüchte diametral.
wechselspiele. weit und
wann fing es an:
„how many roads
must a man walk down …".

auftauchen
untertauchen
auf.
fliegt vorbei.
häuser. pappeln. lichter.
nie gesichter. fliegt vorbei.
vorbei.

ICH kann nichts für meine zeugung
NICHTS
FÜR die welt im großen
NICHTS für die verhältnisse im kleinen
DOCH hier und dort
HABE ich
ANGST
VOR
BESCHEIDwissenden
GEWALTbereiten
MENSCHENsystemen
WAFFENrasselnden
SYSTEMmenschen
ANGST
UM
DICH

wie kräne, wie
die gedanken spießen
ins hirn
und kotzen raus und kalt:
wer!
steigt!
schon!
von rechts!
aufs fahrrad!!! ... doch
schokoladenblaue himmel
und brüste blühend
im haltlosen dunst
zerrütten dich

November

Die Bäume sind schon wieder ziemlich kahl,
Ragen ins Graue, nassglänzend starr.
Auflösung, schleppende Nebel, doch keine Wahl:
Schneegänse künden Winter. Flucht in dein Haar.

So schwanke ich trunken zwischen Bangen
                              und Schlummer und Schoß.
Und eines Morgens kriecht der Frost in die Kammern:
Welk und schwarz, die Erde bloß.
Ich friere. Zu spät! Nun hilft kein Jammern.

Herbstwald, Märchenwald.
Ferne und Höhen
Fadenumwoben,
      lichtübergossen,
            nebeldurchbrochen:
Wie ein Bild, kunstvoll
Aquarelliert, in sich verlaufend,
Hingepinselt:
Schöner als ein Bild.

Warum die Menschen
Nur immer so wild applaudieren
Nach einer leisen Melodie, nach
Flötenklang oder einem Lautenvibrieren.

Ich hätt's gern still.
Auch nach gewalt'gem Orgelklang!
Nachschwingen statt Beifallslärm.
Man sucht Frieden, innen, außen: endet bang.

GesprÄch
über eine Erziehungsmethode
im Autobus:
„DAS KIND
bekommt alles, alles vonmirvonmiralles,
DAS LETZTE,
AbeRR – esmussesmussmussmusssss
PARIEREN."
Und der mOtOr tuckeRt, kÖpfe wackeln
NIckenD.

Landsberg, im Herbst '79

I
Der Wind
Bläst Augen matt und die Lichter, auch
Mond
Quält sich bleich und schräg in die
Gassen
Frierend, stolpernd schlägt man sich durch diese
Fremde
Ungeheuerlich bedrückend flachkahlgraunasskalte
Schatten
Und Häuser lehnen mutlos aneinander
Kunst
Lederhüte gestülpt in verschwammten Autogesichtern
Satellitenstadtatmosphäre
Zwei, drei verluderte, finst're Geschäfte, nicht geschlossen
Die Kneipe:
Gelärm wie von Ertrinkenden fädelt sich aus den
Ritzen

II
Groß, gewaltig
Im 10. Jahrhundert eine Burg
Kündend
Macht und Glanz und Sicherheit, doch
Rücksichtslos
Wurde Porphyr davongeschleppt
Gemäuer verbröckelte, Götter wechselten
Argusäugig
Bewacht von einem Clan blieb: eine Kapelle,
Doppelbödig
Grandios, aber ausgeraubt und nackt:
Stilvoll

III
Je nach Windrosenstellung
Gifte
Von Bitterfeld, Wolfen. Von Leuna und
Buna
Hier ist Grünes grau, Bläue dunstig,
                                          Lebenserwartung knapp
Heuschreckenschwärme
Dagegen: milde Plage und
Pest
Freundlich. Ein letzter Gruß, dennoch

Vaters Tod (1)

Vertrauerte Augen, schwarze Gesichter:
Der Tod. Nun brennen Lichter
In uns, auf dem Grabe, immerfort.
Umsorgender Mann, hier oder dort.

Dort, wohin keiner, in seiner Angst, hindenkt,
Wo Ruhe, Geborgenheit, niemand drängt,
Kein Zwang zu Glück und Sonnenschein.
Trauer. Sehr. Ganz leis und ganz fein.

Doch deine Güte und heitere Stille, deine
                                    bescheidenen Bauten
Klingen nach wie Tamburin, Gamben und Lauten.
Und so kann dein Tod nicht nur traurig machen,
Sondern hilft uns leben und beim Lachen.

Vaters Tod (2)

Vater,
Was hast du getobt im Leben:
Zorn und Glut, Ungeduld tiefrot.
Wie wenig hast du hinterlassen und können geben!
Nun bist du still. Erbärmlich tot.

Vater,
Welch langes Leben und manche Stunde:
Dürre Reminiszenz und Ausschau nach
                                freundlichen Flächen.
Gartenharke und Briefmarken, bunte.
Und heute: rücksichtslose, geschundene Enkel zechen,

Vater,
Zechen, in naiver Ahnungslosigkeit heiter
Auf dein Vergehen und greifen roh
Nach verlass'nen Räumen, dann hasten
                                auch sie tobend weiter.
Wahrscheinlich, einsame Träne, werden sie ebenso.

so wie im winter der sturm aus dem osten
scharf und mitunter böse,
so kommen aus manchem nur
schimpf und schmale größe.

und wie aus dem süden der sommerwind
mild und lau,
wärmen andere uns mit ihren augen
sanft und blau.

aber auch dies freundliche
zäh und fad,
wäre der tag bald nicht mehr hell genug
ohne tat.

Kinderzeit

Frühling, Sommer, Herbst und Winter:
Welche Zeit ist schön für Kinder?
Frühling bringt ihnen Sonnenschein,
Im Sommer springen sie ins Wasser rein.
Der Herbst hat Früchte und bunte Blätter,
Und der Winter bewirft sie mit Schnee und macht
                        Eislaufwetter.

So war es, so wird es wohl bleiben.
Jede Zeit ist schön für die Kleinen, die Großen.
Jede Zeit und alles Zeitvertreiben
Von den Schneeglöckchen, den Narzissen bis zu
                     den Herbstzeitlosen.

damit
  damit
      damit das UNGEHEUERLICHE
  damit
damit
  damit
      damit das NICHT WEITERWUCHERE

             w
             e
             r
             f
             e
             n
          wir doch
           lieber
             B
             O
             M
             B
             E
             N
          auf das
      N   H   E L
    U   E   E   R   C   E
        G   U   I   H

So geh'n die Jahre hin

Du hörst den Frühling nicht,
Siehst nicht der Mädchen Brüste knospen und
                              dass die Akazien blüh'n.
Du stöhnst den Sommer an,
Denn der ist fett und warm und grün.
Du schmähst den Herbst
Mit seinen strengen Boten und mit des Waldes
                              letztem Glüh'n.
Und erst den Winter schimpfst du!
Der sei zu nass und kalt und bringe Müh'n.

So geh'n die Jahre hin.
Nie ist es recht, wie sehr du dich auch reckst.
Du winkst dir zu und machst dir Mut:
Doch nur dein Haar, das wächst und wächst.

Wieder ein Herbst

Herbst: Kühle, tauüberzogene Morgen.
Wer denkt noch an den Flieder,
An Junitage und an Apfelblüten. Triste Sorgen.
Die Raben und ich: Wir krächzen herbe Lieder.

Astern welken in Grau und Braun.
Dürre Sonne, kahl die Bäume.
Vergessen Sommer, Wärme, Frau'n.
Hoffnung: auf ein paar Frühlingsträume.

Impressionen auf Hiddensee

Schräg und prall strahlt die Sonne,
Bricht silbrig ihr Licht das Meer hinunter,
Überzieht die Insel mit Gold und Wonne.

Die Insel: klein und unendlich, wie geträumt,
Myriaden Geräusche, weiße Wolkentürme,
                                    blauschwarze darunter,
Wege mit Labkraut und Alant gesäumt.

Wildfrüchte leuchten prächtig,
Mehlbeeren, Hagebutten, Brombeeren, Holunder.
Und die Strandaster grüßt lilaleis und mächtig.

Wachholderdrosseln lärmen und schwirren,
Gimpel pfeifen, Störche ziehen still, mitunter.
Nur wir, wir kennen die Richtung nicht und irren.

Märchenhafte Ferien auf Hiddensee

I
Es gab Sonne,
Es gab Mond,
Wie Glas schimmernde Tautropfen,
Spinnennetze und Meer.
Meer und regenbogenfarbene Himmel.

II
Es gab Nebel,
Es gab blühende Heide,
Reife Mehlbeeren und schwarzen Holunder.
Dann noch die Geräusche von Vogelschwärmen,
Lärmende Spatzen und
Wieder Meer.
Meer und haltlosen Dunst.

III
Es gab Regen,
Es gab feuchte Wiesen und
Schwermütige Stürme,
Silberne und kupferne Sonnenstrahlen.
Es gab tanzende Schwalben,
Gebratene Fische, feinen Tabak
Und wieder das Meer,
Absinthgrünes, schwarzes, blaues Meer.

IV
Süße Sinnlichkeit gab es,
Und es gab
dich.

man nimmt übel beschimpft uns
wenn wir 'ne
boshafte lieblose tussi
oder 'nen
schnapswütenden macho
verlassen einfach
stehenlassen

mit recht:
denn nun hat man sie
wieder mittendrin im
unübersichtlichen und
wir neues
glück

Meine Großväter kannte ich nicht,
Auch nicht den Vater (wenn ich
Absehe von seiner in den Weltkriegen erlernten
Schweigsamkeit und seinem etwas fanatischen Vegetarismus).
Auch von mir fehlen mir
Wesentliche Angaben:
Wie erkläre ich diese
K a t a s t r o p h a l e n
U n k e n n t n i s s e
Meinen Kindern?

P. S.: Sie werden nicht danach fragen.

„Man hat zu allen Zeiten gesagt und wiederholt, man solle trachten, sich selber zu kennen. Dies ist eine seltsame Forderung, der bis jetzt niemand genügt hat und der eigentlich auch niemand genügen soll. Der Mensch ist mit allem seinem Sinnen und Trachten aufs Äußere angewiesen, auf die Welt um ihn her, und er hat zu thun, diese insoweit zu kennen und insoweit dienstbar zu machen, als er es zu seinen Zwecken bedarf. Von sich selber weiß er bloß, wenn er genießt oder leidet, und so wird er auch bloß durch Leiden und Freuden über sich belehrt, was er zu suchen oder zu meiden hat. Übrigens aber ist der Mensch ein dunkles Wesen, er weiß nicht, woher er kommt noch wohin er geht, er weiß wenig von der Welt und am wenigsten von sich selber. Ich kenne mich auch nicht, und Gott soll mich auch davor behüten."
Goethe zu Eckermann am 10. April 1829
(aus: Johann Peter Eckermann „Gespräche mit Goethe in den
letzten Jahren seines Lebens", Verlag Eugen Dietrichs, Jena 1905.)

Nacht, einsam und schwarz.
Jedes Geräusch eine Hoffnung
Bricht ein wie
Gedanken wie Steine
Katastrophal in diese Finsternis.
Schwer und seltsam
Die Angst
Allgegenwärtig.

Große Blüten, Schönheit
Im Land und herrliche
Bauten und stationierte
Bomben::: –

Gigantisch, das Leben! Und
Mittendrin, ach, ach,
Ein Mensch: kopfschüttelnd,
Angstvoll und
Ich.

Donnerstagabendschmerz wegen
Auch Wetter und wegen
Das Übel, grausig belastend,
Brenntwieschnapswiepech, was
Nützt da Jammer an Riesenbrüsten.
Andere Wirklichkeiten, rau und
Freundlich das klappernde Fahrrad
Über Scherbenwege:
1 Sattel wie 1 Barmherzigkeitssitz.

Wenn man all die Jahre
mehr oder weniger starker
gemeinschaftlicher Kasernierung
abzieht, wie
kInderkRippe
KiNdergArten
grUnd- bis hocHschUlen
armEE
BetRiebsLeBen
leHrGänGe
zu enge WohnVerhÄltnisSe
eHealLtag änd laast bat not liiest
AlteRsheiM,
um nur die wesentlichsten
Kasernen zu nennen,
was bleibt einem eigentlich für
Zeit zu eigenem Leben und zur
Realisierung hoher Gedanken,
enthusiastischer Ziele und
zauberhafter Erwartungen
sonniger Jugendtage?

ich ÜBERWAND mutvoll
graubeschimmelte vorbehalte
klopfte nervös zitternd:
Ein EISBERG befunkelte mich
HUNGER: allein ich brauchte
bat nicht um BROT
und wandte ab
GESICHT halbtot vor schrecken

Manchmal, Liebste, spät und tief in der Nacht
Nach lärmendem Tag und sinnlosen Debatten
Die Hoffnung: Du kommst und bist freundlich.
                              Ich hab' gedacht,
Einfacher wird alles, stiller, intensiver. Doch wie Ratten
Nagen die Stunden und laufen endlos her und
                              hin. Und sacht,
Ganz sacht wird unser Leben matt und
                              durchsichtig: wie Latten
Eines Zaunes, der nicht übersteigbar, weil erst
                 Pflicht, dann der Tod uns bewacht.

Warten auf ein Mädchen im Frühling:
Leicht, wenn auch ungeduldig und hitzig
Die Nächte in Flieder und Mond.

Warten auf ein Mädchen im November:
Regenverhangen, mit wirrem, windzerzaustem Haar.
Oh, wenn sie käme, Finsternacht süß.

Oft kam ein Mädchen und ging wieder fort.
Blüten, sonnenbestrahlt im Wind,
Fallen ab, irgendwann.

Leidenschaftlich, scheu auch und furchtsam,
Entrückt und sanft so viele Jahre
Die Liebe.

wie der klee:
linkshändig malen,
um der routine zu entgehen.
vielleicht auch:
bewusste ungelenkheit als
überlebensvariante als
täuschungsmanöver,
um ein ende
zu erreichen zu
provozieren
das ende:
für einen
neubeginn.

Er
Malte sich
Vielfältig: mit
Pinsel, Kreide, Stift; in
Blei und Öl und Tempera.

Aber
Es gelang ihm
Nicht, sich
Darzustellen und zu erkennen.

Ostseesturm

Orkan ganz wild und tobt,
Meer, brechende Wellen und Sand.
Haus und Sterne still und gelobt,
Herzmuschel weint einsam am Strand.

Küste, Land, unendlicher Raum,
Betäubendes Dröhnen, der Himmel ein Schrei,
Blauschwarz durchblitzt wie im Traum,
Und schön wie nie gesehen: ein Kranich – vorbei.

nekrolog auf ein haus nr. 203

vielleicht, altes haus mit
zerschlagenen, blinden fenstern und
klapperndem riegel und schornstein
wie gebrochener hals, ja,
ein jämmerlichtörichtstolzes zerfallen
inmitten sommerlich fetten grüns
und feister betonklötzer, aber
besser als altersheim oder
nostalgische restauration gar
dieses ende, dieser tod

Mitten im Sommer

Die Schwalben hocken faul im prallen Sonnenschein,
Genießen still den Tag und ein paar Mücken.
Du aber hockst blass, unfreundlich und klein
In einem Bus und schimpfst auf die
                              Versorgungslücken.

Aus den Schwalben und dem strahlenden Tage
Ließe sich noch manches machen.
Doch dein erbärmlicher Anblick und deine
                              Augenrotklage
Vergällen jedem Glück das Lachen.

Orte gibt es:
Jede Fahrt ist dort zu Ende.
Danach Strapaze,
Kolossale Finsternis.

Vorher aussteigen, umsteigen,
Richtung
Ändern.

Menschen auch.

Rückblickmontage am Abend, spiral
Nebulösklirrendes Hirn Das
Klappernde Herz klappert: Schwierig
Keiten + Schwächen + Lasten:
Schwere und Hastig: also Still
Stand: erleuchtet: finstere Wächter,
Sturig Grünschillerndes, lethargi
Sche Besserwisser, Sicherliche: Er
Zeugt: Sehnsucht: beheizte Schuhe +
¾ übersüßtes Leben klein: in unge
Klärten Fragen und dunklen Zusammen
Hängen: albern verdämmern wie, wie: wie
Eine Zwölfuhrdreißigsommerfliege
Mit satter Summspur im Flüchtigen.

Kein Jazz, kein Fest. Nur
Radio jazzt müde, Weib auch, tappen
Figuren wie Ängste durch Nacht und
Pfützen spritzen Vereinsamte da
Hin stürzen zwischen verlöschende
Glutvolle Augen, ja, Wind
Schlägt bös nach offenen Hirnen und
Klärenden Streichholzflammen. Scheiße:
Denn dann kamen noch
Welche mit Panzern gepanzert:
Ist sowieso alles vorbei, was
Brauchen da aber
Die Kinder warten.

und dann liegst du wieder faul, hirnfließendbreit
im schaukelstuhl,
dass sich die haare biegen.
großes vor augen und wohl auch die zeit:
bist nun schon vierzig, ja, kuuhl,
bleibst lieber liegen.

he, was suchst du, nur die schuh noch fest,
dein grundtalent in vorgerückter stunde,
wenn das saxophon klagt, die gläser entzwei
und schlimme rhythmen zerfetzen den rest
mit finst'rem moll, und runde um runde
schrumpfen mühe und hochtrieb zum einerlei?

papi will nicht
mehr nicht papi sein hat
schnauze voll bitterkeit und zeit
schwimmt fort trägt
ungewolltes ins alarmierende
das starrt papi an stört
papi idiotische besuche wie
vaginale entzündungen und
ein scheißsommer blattschwarz
sagt papi und dürr und schwermut
inmitten blitzsauberer familie
und papi noch ein scheck
nein nicht mehr ja doch kein
papi

ob ich aushalte

I
ob ich aushalte
für den rest meiner tage
diese gesellschaft diese arbeit
diese frau diese träume
das wetter und diese
vergiftete atmosphäre
dieses ungefähr und
diese termine und sitzungen
und straßenbahnen und himmel
schreienden zeitungen fernseh
sendungen halbheiten unwahrheiten
lügen plattheiten und was man
sonst noch sicher zu wissen
glaube

II
diese mühsamen wege diese
verstopfungen versperrungen
gräben steine probleme dauerkonflikte
ungesagtes ungedachtes unbedachtes
um den rest meiner tage
zu füllen und zu kürzen und
ich weiß nicht einmal
wie groß der rest meiner tage

III
aber wie verhalte ich mich wenn
ich nicht aushalte

IV
meistemenschen haben gesicht ein
eingesicht eines als ob zweifel nein
halten aus aushalten
aus

schön manchmal glück
frieden zu spüren keinen
feind sehen zu brauchen zu wollen
zu hassen still die nachlässigkeiten
zu übersehen wie polizei schlendernd
ins leere läuft nichts zu tun
so ein frieden einfach frieden

was ist tapfer, ist,
mein sohn könnte fragen, tapfer
die brust dem feind hinhalten,
tapfer ihn von hinten zu töten
oder nur: täglich zur arbeit gehen, tapfer,
unverzagt beim zahnarzt polster
zerreißen statt kittel, einfach ratsch, so
einfach sei es nicht, wie einfach
dann?

ist tapfer das
nichtspringen aus dem fenster,
stillhalten inmitten wehender fahnen
und tolldreistdummdreist flatternder,
ebenfalls sehr tapferer eitelkeiten?
oder, das sei es
auch nicht, ja, dann kann
tapfer sein, auf dem mond zu landen,
wissend, auf dem mond wird nicht erwartet,
oder allein mit sich sein, bleiben
tapfer

Freundlicher Januar

Kindergekreisch und Jauchzen hinein
In den Winter, Schlitten flitzen,
Schneewolke fegt hinterdrein.

Ausgelassenes Lachen, Winken und Schrei'n
Mit roten Wangen. Schneebälle purzeln,
Übermütig die Sorgen vergessen sein.

Hiddensee. Später September '85

Unablässig bläst der Wind
Und die See dröhnt und zischt.
In der Heide werden die Birken gezaust,
Zauber flieht vor neuem Zauber.
Vielerlei Lila in Grau und Grün. Runzlige Früchte,
Regen, Regen: So fehlen die Nebel und die Spinnen.
Kühle wie Sorge wie Abschied. Wie noch ein
Abschied: Um bei dir anzukommen.

Kleine Romanze

Dort, wo die wilden Malven blüh'n,
Hielten wir einander, sehr geliebt.
Die letzten Königskerzen reckten sich kühn –
Dass es dich und die Schwalben gibt.

Herbst auf Hiddensee

Längst sind die zarten Schwalben, die Kraniche fort,
Und fort der pralle Sommer mit seiner überhitzten
                                        Romantik.
Geblieben sind der Wald, die Wiesen, der kleine Ort
Und der Strand, bedeckt mit Seegras, Muscheln
                              und vertrautem Glück.

Still, ganz still wandern wir auf den Inselwegen,
Lassen uns von der Herbstsonne verwöhnen
Und von diesem herrlichen Augenblick zwischen
                              zwei Wellenschlägen.
Am Wasser schillern die Steine in dunklen und
                              rostroten Tönen.

Doch auch wir werden vertrieben vom Regen,
                    vom steifen Wind aus dem Westen.
Die Möwen, die Kormorane, die Schwäne nur
                          harren unverdrossen
In den Dünen, auf Buhnen und knarrenden Kiefernästen,
Und die Heide atmet ein langes, tiefes Vergessen.

Du kennst das

Ich weiß, du kennst das: warten,
Warten und sich verlassen fühlen.
Du kennst das: Trost für die verletzte Seele
Suchen und doch nur die Schatten der
Nacht zum Begleiter haben.

Bis spät in die Nacht hab ich gehofft
Auf ein Zeichen, ein Klopfen, auf einen Hauch.
Mein Rufen war zu stumm für dich, wie so oft:
Doch die Stunden, zum Bersten gefüllt mit Einsamkeit,
Versanken auch.

Und die Sonne geht auf.
Vorüber das nächtliche Bangen und die Zerrissenheit.
Aber ach, du kennst das:
Es bleibt ein ganz kleiner Rest von Asche,
Der hinzukommt zu schon verloschenem Glühen
Und der irgendwann uns überdecken wird.

Eine einsame Stunde

Was soll man sagen,
Wenn die Geliebte fragt,
Weswegen man komme,
Ob wegen Herz, Mund, Seele oder Schoß?
Und zum Schluss noch hinzufügt: deswegen bloß?

Was soll man darauf sagen.
Ist diese Frage überhaupt erlaubt
Oder für Liebende unzulässiger Zweifel,
Der erschreckt und lähmt?

Und man denkt darüber nach.
Wie das so ist. Man lotet seine Tiefen aus,
Will sich nichts nachsagen lassen,
Wagt dann den nächsten, sanften Schritt.

Und was hat er genützt, dein Zweifel am Zweifel,
Deine rücksichtsvolle Rücksicht?
Nichts. Ein wenig
Spott. Und
Eine einsame Stunde.

Caféhausmelancholie

Mitunter überfällt dich Traurigkeit,
Kannst es nicht in Worte fassen.
Ein Gefühl, als hättest du dich selbst verlassen,
Kopf und Herz ganz eng statt weit.

Es pocht in dir: Wozu das Ganze!
Wozu das Schreien, das Toben?
Wozu, wenn doch alles zerbricht, die Götter loben,
Wenn es zerbricht wie eine Lanze?

Oh, wenn du ihn fassen könntest, den Sinn
Dieser Existenz, des Wirkens, Strebens.
Aber ach, so vieles vergebens
Und vieles bröckelt zurück, ohne Gewinn.

Hypersensibel und metaphysisch transzendent.
Wohl dem, der unberührt von spaltendem Gefühl,
Der, schwach scheinend, aber weise ist und kühl,
Wohl auch dem, der nichts erkennt.

Und still sitzt du im Café
Mit deiner Zerrissenheit, die bohrt und brennt.
Lass dich einfach fallen, hier, wo dich keiner kennt,
Sei hoffnungsvoll, wenn auch hoffnungslos
                      allein mit engem Herz und irrem Weh.

Herzauge
(mit einem Gruß an HAP Grieshaber)

I
Hast.
Staub.
Großstadt ganz allgemein:
Kalte Betonfassaden. Schreiende Balkone.
Zerrissene Gesichter.
Lärm.
Millionen überschwemmen uns
Mit kleinen Sorgen, Ziellosigkeit und absurden
                                        Nichtigkeiten.
Keine Liebe. Nichts.
Nicht von hier und nicht von dort.
Arbeit.
Bis dein Inneres ausfranst, einfrostet, sich verflüchtigt.
Nein.
Nein, flieh, geh fort!

II
Auto.
Wald.
Vieh und Feld.
Endstation: du.
Ruhe.
Ruhe, Geplapper, wieder Wald. Unergründlichkeit.
Versenkung und ein wenig Traurigkeit.
Herzauge.
Begegnung gegen programmierten Alltag. Aber
Ein Sonnenstrahl hat ein Zeichen eingebrannt.
Unauslöschlich.

Junitag

Gleißende Sonne. Erde.
Frühling und Sommer zugleich
Mit jungem Grün und milden Farben,
Mit Frische und Wärme.
Auf der Wiese. Im Garten. Am Himmel. Bei dir.
Auch Blumen gibt es:
Wilder Mohn und leuchtende Kornblumen.
Welche Pracht.
Im Hintergrund: Graue Silos, enge Büros
Scheinen freundlicher.

Unser Lachen, deine Augen.
Die Liebe: Sanft überdeckt sie uns,
Befreit uns vom Alltagsstress,
Von Ängsten und Beklemmungen,
Lässt uns zueinander finden.

Und dein Kopf ruht an mir,
Ich schmiege mich zwischen dich,
Verweile in entrückter Wirklichkeit,
Fühle deine Wärme und Samtigkeit.
Halte inne, halte die Zeiger an,
Denn sonst ist er flüchtig, der Augenblick,
Wie ein Vogel,
Wie ein Vogel am Junitag.

Nein,
Nein, es ist nicht so:
Dass ich zu mir gefunden hätte
Nach all den Jahren labyrinthischer Verirrungen.
Hohem Einsatz folgte seelisches Chaos.
Doch kein Innehalten.
Immer und immer: ruheloses Suchen.
Wonach – weitestgehend offen.
Schlimm,
Dass man nie sagen kann,
Nie ganz genau weiß,
Was ein Anderer denkt, fühlt, glaubt, hofft.
Schlimmer aber ist:
Dass man sich selber auch nicht kennt,
Vielleicht sogar am wenigsten.
Ausharren, dennoch.
Einatmen. Mut schöpfen. Den Zorn ablegen.
Damit dieser mir nicht die Augen verschließt.
Sehend werden.

Mensch, merkst du nicht:
Deine Fortschritte sind nur partielle Gewinne,
Erzielt auf Kosten der Seele,
Erzielt auf Kosten anderer Werte!
Fortschritt ist, wenn
Wachskerzen oder elektrisches Licht.
Wahlweise.

Du verwechselst
Erfülltes Leben und Geldreichtum.
Besitz engt ein, dich und mich,
Ansprüche zu groß und – zu billig.
Du verwechselst den Blick des trinkgeldgierigen
Kellners mit dem eines Irrenden.
Verwechslung ausgeschlossen,
Auch wenn beide dem Wahnsinn nah.
Dein Blick ist unscharf. Auch deine Toleranz.
Auch dein Wollen.
Denn:
Deine Kinder wachsen in deiner Nähe besser,
Benötigen eine Schaufel, deine Wärme, dich.

Besinne dich.
Irgendwann ist es zu spät.
Für alles zu spät.

Die Alte tappte
Vorsicht. Vereiste Straßen und Wege.
Und Menschen gingen langsam, dennoch
Hastig vorbei. Ihre Beine, sie,
Auch sie bogen sich
Durch die Last:
Die Jahre. Die Sorgen. Die Müh'n.
Wie nun querüber? Ja! Ein Auto!
Sturz und vorbei. Schließlich
Man hätte können manches,
Meinten die Leute, die
Immer 'was meinen:
Streuen, helfen.   .
War aber nicht.
Keiner
Half.

Säßen wir im Mittelpunkt,
In unserem Zentrum,
Könnte es sein,
Dass infolge der
Uns umgebenden vollendeten Geometrie
Auch in uns Statik und Harmonie,
Könnte es sein,
Dass wir bemerkten,
Wie die Blätter einer Buche grünen und sich wieder bräunen.

Aber:
Wir fliegen peripherisch durch die Zeiten,
Und das irrsinnige Tempo macht uns wohl so
Unruhig, wirr und zufällig.
Wir leben an einer Grenzfläche,
Auf der wir mit
Ungelenker Äquilibristik beständig unterwegs sind,
Auf der wir
Vergeblich etwas nicht Benennbares suchen.

So zerbrechen wir eines Tages
An der Polarität unserer Existenz,
Statt uns in sie zurückzuziehen.

stunde des glücks.
ob zärtlich schwingend oder ob
ekstatische engel sich meiner bemächtigen:
gleich berauschend
das winken deiner augen,
dein knospender mund,
du.

stunde des glücks.
deine vielschichtige kraft,
die liebe zu erneuern, das vertrauen zu weiten
in der flüchtigkeit des augenblicks,
in den metamorphosen der zeit,
die mich vergessen macht
all die starren zerschlissenen gesichter.

stunde des glücks.
dir so nah,
eintauchen in deine träume,
in schwerelosigkeit und
gleichklang.

stunde des glücks.

Divergenz

I

Wenn ein Sohn
Mit seinem Vater nicht reden kann,
Liegt es dann am Vater,
Am Sohn
Oder an beiden?

II

Wenn ein alterndes Paar
Einander nichts mehr zu sagen weiß,
Liegt es dann am erloschenen Begehren
Oder an mangelnder Geistigkeit,
Verschüttet beim Fernsehen,
Oder an beidem?

III

Wenn Menschen, die sich kennen,
Nicht miteinander sind,
Ihr Gespräch Geschwätz, abstrus und marode,
Liegt es dann an jenem, der etwas sagt,
Aber nichts erfühlt, oder
An jenem, der wohl etwas fühlt, aber nichts sagt,
Oder an beiden?

IV
Oder liegt es an nichts und niemandem,
Sondern an den Umständen, den Zuständen,
Den Missständen,
Den äußeren, den inneren?

V
Divergenz der Seelen,
Der Gedanken, des Wollens, des Könnens:
Jeder schwingt sich nach seinen Gesetzen
In einen Zustand ein,
Der es nicht ermöglicht,
Den anderen zu verstehen, zu akzeptieren,
Gewähren zu lassen, zu tolerieren.
Und so stört man ihn,
Stört seine Kreise, statt
Einfach
Davonzugehen.

es ginge wohl an,
wenn dir nur die lider herabhingen
als zeichen der furcht und der resignation,
aber kaum befindest du dich in einem schwebezustand,
handbreit über der erde,
kunstvoll balancierend,
reißt dich die schwere zurück.
und du liegst am boden.
scherben.
wieder die fragen: wohin? was nun?

doch bedenke:
die zeit stiehlt sich davon.
du musst aufbrechen,
wenn auch manche frage unbeantwortet,
bevor dein erträumtes irgendwo ein
nirgendwo.

Versinken
In einer Arbeit
Einem Buch
In Gedanken
Einem Du.

Sich dabei verausgaben
Bedingungslos hingeben
Irreversibel abstrahlen
Nicht hinterfragend
Den Sinn das Ziel.

Doch hier die Gefahr:
Ohne Zweifel sein.
Am Ende dann
Hütet man sorgenvoll
Ängstlich gar
Was sich nicht hüten lässt.

Und die Uhr
Schlägt die Zeit
Schnell allzu schnell
Davon
Bis zur Trennung
Bis hinter den Schmerz.

es gibt situationen, mein freund,
in denen nützt kein ruf,
keine klage,
keine list,
in denen hilft kein kampf,
keine flucht,
kein bombensicherer unterstand:
entweder
du überstehst sie,
oder
du überstehst sie nicht.

manchmal hilft stillhalten.
manchmal aber auch nicht.
dann bist du dir selbst ausgeliefert
oder einer frau,
einem kind,
einer organisation.
irgendwer greift immer nach dir.

du ziehst deine sinne zusammen,
schneckenartig, sicherheitsbedürftig.
doch das ist dein irrtum:
schweigen bietet keine zuflucht.

rauchfahnen
zeichen des lebens
wenn der wind sie zerreißt und
du stehst draußen
im unbehagen
mit stummen gebärden
den eingang suchend
doch nirgends
hebt sich ein riegel
ein vorhang
eine maske
dann fällt dir ein
dass auch du
auch du
manches jahr drinnen hocktest
wohlig und
bar jeder zwiespältigkeit
den trommelnden tropfen
der regennacht nachlauschtest und
nicht spürtest
den verzweifelten
vor deinem tor
hilfe versagtest
wie dir jetzt versagt bleibt
hättest wohlwollen und menschsein
mehren können
du hast nichts getan und
so leidest du nun
an eigenem unvermögen

Romantische Blütenlyrik

Herrliche Apfelblüten, wunderbarer Mai!
In manchen Jahren – so scheint es – erblicken wir
Die Pracht der Blüten wie zum ersten Mal,
Endlich wirklich und mit allen Sinnen.

Und doch: Alljährlich kamen neue Blüten,
Berauschende Düfte hinzu:
Der nächtliche Zauber der Akazien, des Flieders
Der ersten Liebe, der Sinne umhüllende,
Betörende Duft des Jasmins nach
Mildem Regen im Juni.

Lindenblüten, dezent versteckt hinter
Üppigem Grün, entdeckten wir mehr zufällig und
Spät. Jedenfalls gibt es keine Erinnerung, dass
Wir in früheren Jahren je bewusst unter
Einem Lindenbaum stehengeblieben wären,
Um die gleichsam heilenden Düfte und das
Zarte Goldgelb des Blütenstaubes
In uns aufzunehmen.

Noch später, wenn auch bewusster
Schon, erreichte uns
Das Leuchten des Ginsters,
Das Feuer des wilden Mohns und
Die blühende Welt der üppigen
Wiesenblumen und die blassen Farben der Waldflora,
Deren Schönheit kaum jemand zu erspüren scheint.

Immer mehr sehen wir inzwischen und allerorts:
Sehen das kristall'ne Schimmern
Taubenetzter Margeriten in der Morgensonne,
Das Wiegen des Rotdorns im Hauch des Abends,
Sehen zahllose wunderschöne Blüten und
Freundliche, malerische Farbtupfen,
Prächtig wie Sonnen, mitunter sanft wie
Das Licht des Vollmondes.
Welch vollkommene Schlichtheiten!

Und mit jeder Blüte, die wir entdecken,
Unverlierbar in uns aufnehmen,
Fällt ein Stück unserer Fremdheit zur Natur,
Werden wir ein wenig sehender,
Wissender, milder, vielleicht aber auch ein wenig
Einsamer. Denn der Blick weitet sich und
Mit ihm das Erahnen der Vergänglichkeit.
Trotz zarter Frühlingsfarben und verlockender Düfte.

Doch vor dem Winter, einem vorläufigen Ende,
Kommt noch der Sommer mit seiner
Blütenüppigkeit und der Herbst.

Der Herbst mit den späten Rosen.

tage und tage und
statik. kein jammer. kein
schrei zerreißt den ablauf.
wind bläht
vorhänge, verweht gedanken.
juckende flechte über-
schattet gehirn.

wer verwundert sich
da noch: dein
fremdsein wird fremder,
distanzierter, weil
täglich augen mehr
wahrnehmen, aber gewissen,
gefühle verfilzen, verknöchern gar.

nur triebe wie hunger,
wie neugier bleiben.
wie auto waschen,
andere noch:
was ist eigentlich wichtig,
welche
not tief?

oh, weib,
schön und zart liegst du da,
hingerekelt,
hingeblinzelt,
hingehaucht,
mit bronzeschimmernder haut,
die unter meinen händen samtig zerfließt.
oh! –

doch welch kontrast:
deine graugrüngelben augen,
schlafverschleiert, aber glutlos kühl,
wie fisch im pelz.
meine bemühungen
werden weggestrichen wie die locke
aus deiner stirn. und
nebenan bellt noch ein hund.

An einen Freund

Du suchst und suchst.
Versenkst dich hier. Dort auch.
Kriechst frierend durch die Wärme fremder Betten
Und kannst dich nicht finden.
Zerrst mit gierigen Händen nach
Stunden der Seligkeit.

Vernachlässigst dabei deine Ausdruckswelt,
Dein Talent verludert, dein Sosein wird glanzlos,
Glanzlos wie die Farben welker Blumen.
Bemühst dich vergeblich um
Maßvolle Liebe, maßvolle Distanz.
Taumelst weiter, unerbittlich weiter. Von
Betäubung zu Betäubung. Von Übertreibung
Bis zur Leere.

Aber irgendwann stehst du da:
Kosmische Struktur auf dunklem Grund,
Doch mit erbärmlich klappernden Zähnen,
Klopfst wie ein Blinder mit seinem
Stöcklein an Häuserwänden entlang,
Nicht wissend die Richtung.

Deshalb höre:
Verlasse deine Bahn, es geht nicht,
Hier geht es nicht entlang!
Brich auf!
Brich auf, bewahre dein Ich!

Flucht.
(Kazimierz Brandys, Briefe an Frau Z.)

I
Große Flucht.
      … wusste nun, dass ich abreisen musste,
Kopf gegen Mauern, Herzrhythmus-Unwucht.
      … hatte keine einleuchtenden Gründe.
Zurück.
        … es waren wohl die Nerven,
Fröhliches Feiern und Familie und Glück.
      … immer die gleichen Gesichter bei Premieren,
Sonnenschein.
        … in den Konzerten …,
Dann noch Garten und Auto. Ich zwar allein,
     mir wurde übel, ich fühlte mich rastlos.
Sehend noch, doch händehebend wie alle:
        Bestärkt in der Überzeugung, dass
Nein, das ist keine Falle.
      mir nichts fehle, ich frei war,
Das Leben, mehr ist nicht. Wichtig sei Sicherheit.
      satt, gesichert, Arbeit hatte
Fernsehen zu zweit.
       und Lust auf Leben.

II
Wozu Herz, Seele?

           In dieser Stadt war das Leben leicht,
Schnaps muss durch die Kehle.

                floss von selbst dahin.
Und doch: ich kannte es schon.

         … wie ein einschläferndes Geräusch,
Nochmals Flucht. Trotz Hohn.

      … ich aber stand außerhalb, fühlte mich fremd.
Unsicherheit.

             Bliebe ich, dann würde ich
Der Weg ist weit

          nichts erfahren, auch nicht über mich.
Bis zum richtigen.

           Vielleicht zog ich deshalb fort.

von den erfolgen unserer epoche

immer schneller höher besser
immer schöner reicher größer
immer mehr teurer vollkommener
immer fantastischer
immer groß
artiger
im
mer all
gemeiner
immer
gemein
samer
einsam
er
eins
am
ICH

Wie sähe das aus, wenn
Ich malte
Wald.
Baum an Baum,
Ast an Ast,
Blatt an Blatt:
Nichts als Wald.

Ich, 20. Jh.,
Male eine
Stadt.
Haus an Haus,
Wand an Wand,
Stein an Stein,
Mensch an Mensch:
Nichts als Stein.

Fluch des Ablaufs

morgens:	dieses verfluchte Aufstehen und
	diese furchtbare, übervolle Straßenbahn
vormittags:	diese verfluchte Arbeit und
	dieser scheußliche Kantinenkaffee
mittags:	dieses verfluchte, ständige Essen mit
	dieser schrecklichen Einheitssoße
nachmittags:	dieser verfluchte Nachhauseweg in
	diesem endlosen Gedränge
abends:	dieses verfluchte Fernsehprogramm mit
	diesem ständig siegenden Sozialismus
nachts:	dieses verfluchte Gebumse und
	diese unruhigen, finsteren Nächte

Wie willst du das noch
zwanzig, dreißig,
vielleicht
sogar
noch mehr Jahre
durchhalten?

Wenn es Abend wird, steigen
Bange Zeichen auf,
Schatten, lang und sacht.
Finster, ziellos
Taumelst du durch die Nacht.
Winde und Wände werden kühl,
Und kühl die Blicke, angstvoll groß.

Ein Lächeln, ein Blinzeln, ein wenig Gefühl
Erhaschtest du tags im Sonnenschein:
Das verliert sich nun in scheinbarem Ziel.
Gesichter erstarrt, halb Wachs, halb Stein.
Es ist ein Wollen, eine Unruhe, wirre Not.
Weit draußen
Der Tag erlischt im letzten Rot.
Du ringst mit nicht wissen wie,
Wohin und Pflicht und deinem Gott.

Doch warte, verbitt're nicht.
Bleib gelassen und für dich, trag
Einen letzten, neuen Mut
Hinüber in den nächsten Tag,
In eine neue Glut,
Die diese Schwere flüchtig macht,
Die dich belebt, erfasst wie eine Flut,
Und in einen Aufbruch schiebt, ganz sacht.

kassenbon

der preis ist hoch, der aufwand irr:
dein gesicht sieht
ängstlich
aus, wenn
ER
herausrutscht.

Man sollte annehmen, dass
jeder selbst
weiß, wann
er genug hat.

Ist aber nicht so, denn vom
HFERNSEHENM
A   A
TNiiiiiEGENUGN
!
!!!

Peng!
Was war das?
Du stehst da und staunst.
Wieder: Peng! Peng! – Du wartest,
horchst.
Horchst in dich hinein. –
Ach so,
es
war
nur
ein
Gedanke,
der an deine Schädeldecke stieß
und deine engen Grenzen
zu spüren bekam!
Und du dachtest schon,
es wäre etwas
Entscheidendes, das
dein Leben verändern könnte,
geschehen.

Man nickt dir zu.
Du zurück.
Merkst: kein Wohlwollen,
Kein stummes Einvernehmen,
Sondern: Wegnicken,
Wie: der auch.
Wie: Auch der gehört nicht zu uns,
Zu uns, die normal,
Nämlich stark und
Gesund und
Konsumorientiert
Mit einem bisschen, nicht zu viel, Gefühl.
Stabile Mitte.
Da liegt
Das Glück.

Kurzer, tiefsinniger, die Sinne beschwerender Dialog
an einer Verkaufsbude eines großen Bahnhofes
zwischen einem Kunden und der Verkäuferin

Guten Tag. Guten Tag.
Ein Päckchen Butterkekse, bitte.
Bitte, der Herr.
Na, gute Frau, wie geht es sonst so?
Ja, SCHNAPS wird viel gekauft.
Guten Tag. Guten Tag.

es gibt fragen,
es gibt menschen,
die löffeln, die messern dich aus.
und dann ist rings um dich,
mitten in dir
stille.
bedrückende stille.
bedrück
ende
stille.

„…: …!", sagte sie.
Heißt: Auch ich.
Ich!
Auch ich habe etwas mitzuteilen:
Das große Schweigen hat noch
Nicht begonnen. Aber
Ich!
Ich werde euch
In die Steinzeit zurückschweigen!
„…: …!", sagte sie.

Unterwegs mit meinen Kindern

Dampferfahrt.
Fragwürdige Entspannung mit Blasmusik.
UNTERhaltung.
Und doch:
Da blitzen Kinderaugen wie Teile der
Dampfmaschine und wie die Tuba der Musiker.
Bewegung wird faszinierend umgesetzt
Mit ungelenken Händchen.
Stundenlang.
Und Hitze ist nicht da,
Durst ist fremd.
Dampferfahrt.

je älter ich werde,
desto seltener werden die augenblicke,
in denen ich ruhig bin.
je älter ich werde,
desto seltener treffe ich menschen,
die das mir wesentliche tun.
gespräche schrumpfen zu selbstgesprächen,
gemeinsam zu einsam.
es ist immer nur ein schritt zu dem,
was ich nicht wollte.
und so reift die einsicht:
je älter ich werde,
desto mehr will ich, obwohl
ich immer weniger kann.

Schläge,
So oder so,
Sind
Gewalttätigkeiten.
Und noch eine Gewalttätigkeit,
Und noch eine.
Noch eine, noch eine:
Du hältst still, wächst zum Bollwerk,
Schließt dich ab,
Bewahrst deine Empfindlichkeit,
Wirst dadurch unempfindlich,
Wirst also gewalttätig.
Auch du
Gewalt
Tätig.

schlimmschlimm

Dir blutet das Herz. Und
Die Leute gehen vorbei,
Sagen schlimmschlimm.

(1. Fassung)

du stolperst schlägst auf
kopf auf oder
wund oder
dir blutet
das herz
nur und
und
die leute gehen vorbei,
sagen
schlimmschlimm

(2. Fassung)

wie wenn ein fetzen papier
zerriss die liebe. wenig bleibt noch
zwischen dir und mir

wie wenn ein meteor sank
glühend dieser frust und fiel doch
zwischen anfang und lang

wie wenn ein wurm im holz
zerfällt schmerzhaft woche um woch'
zwischen hoffnung und stolz

wie wenn so nicht weiter
frust schmerz hoffnung stolz unsinnig joch
zwischen endgültigkeit und heiter

jahreswechsel '85

diffuse atmosphäre
undeutliche wünsche
von weither untergründiges
gemurmel in fremder sprache
spannung wie vor zerfall
manchmal noch
am müllauto
ein weihnachtsbaum macht
keinen frieden kein fest:
BOMBENstimmung

Sie hatte seidenes Haar und
Ein Parfüm im Blick:
Wir kamen zueinander, nah,
Immer näher,
Bis zur Unschärfe nah. Dann aber:
Vernebelter Herbst. Das Gültige des Sommers
Zerfiel in Ungültigkeit.

Elegie in Godotscher Dämmerung

Lichter zeichnen Schatten, verstärken das Dunkelsein,
Draußen überfällt die Nacht den Tag.
Ich steh' am Fenster. Nachdenklich. Allein.
Alle sind fortgegangen, auch das Mädchen, das ich mag.

Nun wird die Nacht zerhackt vom Uhrengetick'.
Es hätte genügt eine Geste, ein Augenwinken.
Manchmal ich wie irr wie sprachlos vor einem Glück.
Nur ihr Duft schwebt jetzt um den Wein, den wir
    - vielleicht nach endlos langem Warten –
                irgendwann zusammen trinken.

es könnte ja sein,
dass plötzlich ein ende ist:
der ärger mit der frau,
den kindern, den mitarbeitern,
auch mit dem sich sorgen,
das herumtrampeln auf den füßen
in der straßenbahn auch
ein ende

wie bist du darauf eingestellt,
wie darauf vorbereitet?
wer soll die gestapelten bücher, die
unmengen von hausrat, nippes und notizen
sichten? wer die in
schutt und abgetragener kleidung
wenigen goldenen ringe und
geschliffenen gedanken finden,
umschmelzen, verwerten?

bürde der zurückbleibenden

besinnung in kneipen
gegen die fernsehglotzende alte oder den
immer müden mann
wütend hilf- und fraglos das
bier bitter und bitter
der quälende rest was
brauchst du hat ja doch keiner
sitzt dann ideenlos herum traurig
dass nicht mehr tapferkeit nicht
leben in dir

ein altes blatt am birkenast
dem winter trotzte lang
grau faltig dürr fast
bis ostern wurde nicht bang

junge blätter aber drängten
stürmischer von tag zu tag
zur sonne hin zwängten
das alte fiel feuchte erde erlag

ein schräges cis,
böse hustet die schalmei,
reißt dich aus lethargie mit gis
und grauem einerlei.

du rennst nach haus, du narr
mit dickem kopf,
zerrst einen streit am haar
aus bratröhre und topf.

du brichst mit deinem weib,
mit welt und freund und eulen,
stehst nun aber da ohn' unterleib
und fängst erbärmlich an zu heulen.

(Fassung 1979)

ein schräges cis,
böse hustet die schalmei,
reißt dich aus lethargie mit schiss
und der partei.

du rennst nach haus, ein narr
mit dickem kopf,
zerrst einen streit am haar
aus bratröhre und topf.

du brichst mit deinem weib,
mit weltbild, freund und öden kammern,
stehst nun aber da ohn' zeitvertreib
und fängst erbärmlich an zu jammern.

doch lamentieren hilft nun nicht,
jetzt musst du mit und durch die not,
auch wenn dir aug' und herz zerbricht
und scheint ein westlich morgenrot.

(Fassung 1989)

wohin du auch schaust,
ringsum wächst alles:
kinder und blumen,
bäume. und arbeit. sorgen, manch
freude. vor allem: jahre.
einbindungen, verflechtungen und
verpflichtungen.
alles wächst.

nur du wächst nicht, du
scheinst zu verwachsen, wirst
überwachsen.

vielleicht schlimmer,
wenn es nicht so wäre.

Milliarden Bäume.
Milliarden Blumen.
Milliarden Tiere.
Und Sterne.
Milliarden Menschen mit
Milliarden Möglichkeiten.
Und dann kommt
1 Verzweifelter
Und will ernst genommen,
Gehört werden.

Was tust du,
Wissend,
Die Runen verblassen?

(Fassung 1981)

Milliarden Bäume, fünfunddreißig Jahre später

I
Milliarden Bäume,
Blumen, Tiere.
Und Sterne.
Milliarden Menschen mit
Unzähligen Möglichkeiten.
Und dann kommt
1 Verzweifelter, Hilfe suchend,
Um Hilfe bittend.

II
Was tust du, was
Bist du selbstlos und
Reinen Herzens
Bereit einzusetzen,
Abzugeben, zu teilen,
Wissend, dass
Vorbehalte verbreitet,
Neid tief, Egoismus fett,
Triebe animalisch und
Die Runen verblassen?

III
Und was,
Wenn noch einer kommt?

IV
Und was
Machst du, wenn gerade
Krethi und Plethi,
Schluck und Jau,
Ein dickfäustiger Prolet oder
Ein gestörter Bourgeois an
Der Macht und
Hilfe unerwünscht?

V
Leistest du dann auch und nun
Erst recht Hilfe?

VI
Bist du sicher?

VII
Absolut sicher?
Auch wenn die Macheten schon gewetzt und
Die Schornsteine irgendwo wieder rauchen?

(Fassung 2016)

prognosen zu früh

noch schießen sie mit ihren pistolen,
myriaden unsichtbarer kugeln
lachend und wild tobend
alle tot,

auch mich, auch dich, auch kasperli.

der kindergarten zeigte ihnen manches:
spielen, streiten, malen,
aber sie malten meist nur in
schwarz und rot

oder irgendwie.

die schule lehrte sie lesen:
historisches, primzahlen, vieles von vielem,
doch alles übrige lernten sie allein,
meist widerstrebend, aber ohne not

oder nie.

man weiß nicht, ob sie je
den sommer fühlen, mozart hören,
sich mit um konfuzius und leonardo mühen
und ernten ihr eigen brot.

prognosen zu früh.

was wisst ihr denn

söhne, was wisst ihr denn
von den tränen und nöten eurer väter,
beschimpft als tyrannen oder versager,
verflucht als nazis, kommunisten und verräter,
und glaubt, ihr steht jetzt im richtigen lager,
macht alles besser ohne wenn.

töchter, was wisst ihr denn
von euren sorgenvollen müttern,
verlacht als heimchen oder karrieren,
die ihre kinder verwöhnen oder nur regelmäßig füttern,
und glaubt, ihr könnt alle hindernisse überklettern
                              wie niedrige barrieren,
macht alles besser ohne wenn.

was wisst ihr denn.
doch wahrscheinlich wollt ihr's auch erst wissen,
wenn wir vergangen sind.
bis dahin belügen wir uns freundlich, sind uns
                              herrlich fremd
und vergehen in zerbröselnden kissen,
fragen, antworten verblasen vom wind,
sterben einsam im saub'ren letzten hemd.
vielleicht macht ihr's tatsächlich besser ohne wenn.

wünsche meines vaters
zu seinem achtzigsten geburtstag (1979)

meine lieben kinder, liebe enkel, liebe freunde,
ich bitt' euch, schenkt mir zu meinem geburtstag

keine schokolade, überhaupt: nichts süßes, zucker
macht mir zu schaffen, gehört wohl zu den giften;

keine bücher: werde, wie der schmidt arno schon
wusste, noch nicht mal die 3000 schaffen zu lesen;

keine periodika, gar zeitungen: ihr wisst ja doch nicht,
was mich interessiert, seh' außerdem
inzwischen ziemlich schlecht, ermüde schnell;

keine schallplatten: ich höre nur noch wenig,
links gar nichts mehr;

keine noten für das cello: hab' schon zu viele, kann
gar nicht richtig spielen, und es scheint, das
instrument klingt traurig dem friedhof entgegen;

keinen kalender, keine uhr: die tage,
jahre vergehen ohnehin viel zu schnell;

keine opern- oder theaterkarten: der anzug passt
nicht mehr und scheußliche bühnenbilder,
belehrende inszenierungen sah ich schon zu oft;

auch keine dauerkarte für's kino: dramatisches, ja
sogar furchtbarste erlebnisse in zwei bösartigen
weltkriegen hatte ich im übermaß;

keine einladungen zum essen: ich faste genau
genommen ständig, um leicht für das totenbett;

keine bahnfahrten, busfahrten schon gar nicht: ich
vertrage dieses transportieren nicht mehr;

keine socken, keine krawatten, pullover gar:
ich hab' reichlich bis über den tod hinaus.

doch: ich werde euch sehr dankbar sein,
wenn ihr zu mir kommt, einfach nur da seid;

bitte: bringt alle eure kinder mit, vielleicht sagen,
wünschen sie mir zum geburtstag sogar einen
guten tag, aber

bitte: macht nicht so viel lärm, redet mit mir still,
ernsthaft, nicht wie mit einem senilen, leicht
dementen, scheintoten greis;

damit: ich etwas über euch, von eurem leben, eurer
arbeit und der welt erfahre;

denn: ich verstehe sie nicht mehr.
genauer: ich

will manch unsinnigkeit
nicht mehr verstehen.

ach so, ja, halt, hab' doch noch 'n paar kleine
wünsche:

das frühjahr kommt, brauche hilfe im garten und
die briketts zum heizen müssten täglich über zahllose
treppen aus dem keller. auch scheint die sonne kaum
noch durch fenster und gardinen. und ein
bad in der wanne...

ICH, ICH
Liebe
Räucherkerzen mit Weihrauchduft,
Sehr. Un-
Vorstellbar, dass es Menschen gibt, die
Tannenduft dem Weihrauch
Vorziehen.
Was ist zu tun?
Wie kann man vorgehen
DAGEGEN?

eine bilanz am ende

I
wenn dir die haare ausfallen, der augen licht
und die zähne fast verloren, die freunde ganz,
das herz schwächelt und die gelenke voller gicht,
dann ist es abend, zeit der bilanz.

II
sie fällt erschütternd aus.
du hast geliebt, gelacht, gelogen,
vorbeigeschrammt an suizid und wahn,
jahrzehnte arbeit wie besessen,
kinder gezeugt, behütet und verzogen.
was bleibt: ein augenblick, eine berührung,
ein satz, manchem war man gewogen.
es beginnt das große vergessen,
und es wächst die erkenntnis, du verlässt nur
einen übervollen, sinkenden kahn.

III
du hinterlässt keine idee, nichts bleibendes, kein buch,
davon gibt es eh zu viele in diesen gottlosen zeiten
von überfluss, verschwendung und aggressiver flut
verführender, vorbeiführender bequemlichkeiten,
die wie ein ungeheuerlicher fluch
erstrahlen, glühen in unterkühlter glut.

IV
wie jeder dacht'st auch du, ein universum, groß,
doch ist's nur gewöhnliche überlebensstrategie,
tatsächlich, trotz mühevollem streben, bedeutungslos.
nun verstummen sibyllengeflüster, sirenengesang,
des ostergeläut's übereilter klang,
zerfällt, was abgerungen, in müll, in staub
                                    und fließt in's nie.

Verzeichnis der Verse